달고나 장수

홍영철 시선집

달고나 장수

시인의 말

내 마음대로 온 세상이 아니고
마음대로 갈 세상도 아니며
내가 좋아한다고, 싫어한다고
남도 그러하지 않은 세상!

자유 의지 주셨다고
무한한 자유 의지는 아닌,
결과의 업이 있는 세상.

아, 참으로 어렵습니다!
내일이면 70인데
알 것 같으면서도 모르겠습니다.
하여, 하늘에 순종하고, 감사하며….

2025년 3월에
홍영철

홍영철 시선집   **달고나 장수**

□ 시인의 말

제1부 달고나 거리에 꽃 피어라

두견새 —— 14
민들레 —— 15
목욕탕에서 —— 16
초가집 사랑 —— 17
애한·2 —— 18
오클랜드의 겨울 —— 20
진동계곡 —— 21
달고나 뽑기 장수 —— 22
달고나 장수·2 —— 23
오늘은 살아 있다 —— 25
노상에 꽃 피어라 —— 27
홍제동 노점에서 —— 29
맥주잔 —— 30
죽음 —— 31
낙서 —— 32
인생 고수 —— 33
내 가슴에 있는 영혼을 위해 —— 34

달고나 장수 　　　　　　　　홍영철 시선집

제2부 내 영혼이 우는 날까지

38 ── 저잣거리 식당에서
40 ── 하늘 아래 몽땅
42 ── 돼지 개 소
43 ── 어떤 작자 윤회론
44 ── 빨가숭이
45 ── 강아지풀
46 ── 눈물
47 ── 말씀 중심의 삶
48 ── 달고나 장수 · 16
50 ── 달고나 장수 · 21
52 ── 달고나 장수 · 24
53 ── 달고나 장수 · 30
54 ── 자영
55 ── 장독대
56 ── 고등어
57 ── 외할매
59 ── 나의 꿈
60 ── 청각 장애자
61 ── 예수님
62 ── 달고나 장수의 기도
63 ── 달고나 장수 일언

홍영철 시선집 달고나 장수

달고나 장수·41 —— 64
달고나 장수·44 —— 66
달고나 장수·57 —— 68

제3부 이 땅에서 사랑하고, 노상까지

나는 대한 사람 —— 70
독도 —— 71
달고나 장수·88 —— 72
달고나 장수·90 —— 73
달고나 장수·99 —— 74
달고나 장수·100 —— 76
달고나 장수·103 —— 77
현실에 살며 —— 78
산꼭대기 동네 —— 79
휘날리는 꽃 —— 80
쪽방 나와서 —— 81
꽃밭 개아미 —— 82
옛 고향 봄 —— 83
보고픈 아버지 —— 84
내 고향 —— 85
봄꽃 —— 86
인간 —— 87

달고나 장수　　　　　　　　홍영철 시선집

88 ── 노적사에서
90 ── 엄마에게 드리는 글
94 ── 북한산 계곡
95 ── 장봉도 섬소녀
96 ── 장봉도 향한 뱃머리에서
97 ── 반가운 북한산
98 ── 새 울음
99 ── TO Limo Song · 2
100 ── 인생 항로

제4부 고들빼기 꽃 피었네

102 ── 엄마
103 ── 진리 · 2
104 ── 주론酒論
105 ── 시인 정지홍 전前 · 4
106 ── 아, 달고나 시인
107 ── 시간
108 ── 달고나와 침 장수
109 ── 달고나 장수 · 163
110 ── 달고나 장수 · 164
111 ── 달고나 장수 · 168
112 ── 달고나 장수 · 170

홍영철 시선집   달고나 장수

달고나 장수·171 —— 113
달고나 장수·172 —— 114
달고나 장수·174 —— 115
달고나 장수·176 —— 116
달고나 장수·178 —— 118
달고나 장수·183 —— 120
달고나 장수·184 —— 121
달고나 장수·188 —— 123
달고나 장수·198 —— 124
달고나 장수·225 —— 125
달고나 장수·227 —— 126
달고나 장수·229 —— 127
달고나 장수·237 —— 128
달고나 장수·238 —— 129
달고나 장수·240 —— 130
달고나 장수·241 —— 131
달고나 장수·242 —— 132
달고나 장수·246 —— 133
달고나 장수·249 —— 134

제5부 달고나 장수의 길

달고나 장수·252 —— 136

달고나 장수   홍영철 시선집

137 —— 달고나 장수 · 253
138 —— 달고나 장수 · 254
139 —— 달고나 장수 · 255
140 —— 달고나 장수 · 257
141 —— 달고나 장수 · 260
142 —— 달고나 장수 · 261
143 —— 달고나 장수 · 266
144 —— 달고나 장수 · 267
145 —— 달고나 장수 · 268
146 —— 달고나 장수 · 274
147 —— 달고나 장수 · 276
148 —— 달고나 장수 · 281
149 —— 달고나 장수 · 282
150 —— 시인과 문자 대화
151 —— 믿음 · 3
152 —— 달고나 장수 일기 · 14
153 —— 엄마 · 3
154 —— 달고나 장수 일기 · 15
155 —— 달고나 장수 일기 · 17
156 —— 달고나 장수의 길
158 —— 달고나 장수 일기 · 18
159 —— 달고나 장수 · 410

달고나 거리에 꽃 피어라

제1부

두견새

내 몸이 가루로
휘날린다면
서러움에 눈물 젖어
날지 않을 거예요

천상 꽃밭
고웁게 다닌다 해도
금수강산
떠나지 않을 테요

내 몸이 가루로
휘날린다면
떠난 님
용서하고 받는 날까지

두견새 되어
청청 푸른 솔
바람에
울어 줄 테요

민들레

하이얀 홀씨는
머얼리 흘러간
소꿉 마누라 찾아 날고

비 내리면
승천 못한 이무기
강물 따라 그리워 울고

하늬바람 불면
산과 들 민들레
노오란 꽃 핀다

목욕탕에서

실오라기 하나
걸치지 않은
발가숭이들이다

체면 염치 부끄러움까지
벗어 버린 맨몸
태초의 신생아들이다

명예 직위도 벗어 버린
알몸의 진실
부자도 없고 거지도 없다

하얗게 피어오르는
수증기의 안개 속에서
태초의 아침을 맞는다

초가집 사랑

북경발 기차를 타고
하염없이 가네
옛 고구려 산천

해 저문 새하얀 대지에
매화꽃이 만발하네

외딴 초가집 굴뚝엔
하얀 연기 피어나네

주인네와 여인
또 누가 살고 있을까

애한哀恨 · 2

두만강변
똥간 너머 폼잡아

황사 속
구름 걸린 달

떠나가고

머언 동백섬
동백꽃 씨

혈육 산천
알 수 없고

바다
기러기 날고

태산
두견새 울지만

이 몸은
바람 따라

오클랜드의 겨울

파란 하늘 같은 바다 위
야생 청둥오리들
흰 물결 타고 춤추고
새벽 창가
바람도 잠 깨지 않고
햇살도 눈뜨지 않은
고요

파란 하늘로
아주 큰놈 한 마리
너울너를 날아가고
작은 놈들
그 뒤 따라
하늘 가득 날아가며
꽥꽥거린다

저 새들과
저 꽥꽥거리는 소리들
어느 하늘에서
어느 하늘로 가고 있을까

진동계곡

해진 밤
한 마리 새가 되어
날지 못하는
한 마리 새가 되어
산천초목 헤매 돌아
닭대가리 새가 되어
까만 물 먹는
한 마리 새가 되어
온 세상 우짖는
한 마리 새가 되어
금강산 설악산
백두대간 새가 되어
석양에 밥 짓는
하얀 천사 새가 되어
하이얀 구름산
떠도는 새가 되어

※진동계곡: 강원도 인제군에 있는 계곡

달고나 뽑기 장수

달: 달려라 인생길
고: 고난의 여정 극복해서
나: 나를 찾아 한 송이 꽃 피우자

인생은 달다
달고나를 모르고
인생이 달다고
논論하지 마라

달고나 장수 · 2

군고구마
검은 드럼통 위
하이얀 빤지 깔고

꿀돼지 삼겹살
빠알간 토종
처녀 김치 구워

쇠주 한 잔 벗 삼아
홀애비 인정
같이 익어

님아
지나는 길에 보거들랑
거지 취급 말아요

로데오 거리
뽑기를 팔아도
양심은 팔지 않는다오

한 개 오십여 번씩
눈뜬장님
돌리고 돌리지만

몸과 영혼 파는
억억이라도
달고나 뽑기만 판다오

오늘은 살아 있다

대가리 굴리는 소리
우등탕탕!

세종대왕 글 배운 사람
못 알아보는 글
판치고
잘난 놈 세상

로댕 두 다리 딛고
내 팬티 어디 갔냐

신라 미륵보살
한 다리 걸치고
폼 잡다
식량 땜 침묵

하나의 펜
움직이기 위해
알아서 콧구멍

펌프질하는가?

하늘이 복 준
꿀꿀이
식욕＝생명
고뇌하는 이 밤이여

"내일은 살아 있지 않는다
하더라도
오늘은 이렇게 살아
있는 것이다"

노상에 꽃 피어라

아~ 눈물이 나도록
끝없는 우주
하늘이 쨍!
쪼개지듯 푸른 에메랄드빛 이 땅
노점상 살고
노숙자 없는 나라 없습니다

무에타이* 천년 왕국
아시아 유일
식민지 지배 받지 않은 나라
철길 따라 노점상
세계 최고 관광

도둑질 해온 커피
뜨겁게 마시고
휘몰아치는 눈보라 속
독사의 혀같이
살아야 하는데
꿀꿀한 행동 연약한 마음

국가 세금 내지 않는
장사한다 말아요
삶 속에 세금이 있고
더불어 살아갑니다

십자가 지신
주님은 부자였나요
노상에서 살았나요
노상에 꽃 피어야
대답이 되지요?

※무에타이: 태국 킥복싱

홍제동 노점에서

손님은 하나 없고
차만 쌩쌩

쌀쌀한 가을밤
바람만 왔다갔다

삶은
하루 하루씩 간다

하나님은 계시는지

하늘에서
머리 위로

툭!
노오란 은행 떨어졌다

맥주잔

맥주의 거품 위에
내가 있구나

조그만 맥주잔 속
내가 있구나

너무나도 하이얗고
푹신하구나

이순간 즐기자
내 인생을….

죽음

비행기 추락사 600만 분의 1
로또 당첨 확률 800만 분의 1
벼락 맞아 죽을 확률 1000만 분의 1

사람이 죽을 확률 100분의 100이니
죽음
두려워 말자!

낙서

성기는 족보 쓰는
필기구라고
어느 시인 말하며
함부로 낙서(자위)
하지 말자고 했다

그러나 인생은
낙서 속 살아가며
시가 되고
노래가 된다

과연 낙서하지 않는
인생이 존재하는가

인생 고수

격투기 관장
제자에게 하는 말
"하와를 믿지 마라"
했더니,
제자가 하는 말
"저는 엄마도 안 믿어요"
"엄마가 저를 버리고 갔어요" 하더라
그래서 관장님
할 말이 없어졌다
하지만 이런 사람들에겐
엄마를 찾아 줘야 한다

내 가슴에 있는 영혼을 위해

죽어서 한 푼도
못 가져가는 쩐

앉아서 쩐 달라는
부처와

십자가로 서서 쩐 없다는
예수보다

신자유 시대
위력 있는 쩐

그러나
진시황 영화 부귀도
태양 아래 허무하다 했다

그래서
밤하늘
말없이 보는 것입니다

생로병사 가는 길
똥 누고
흙이 된다

나 이제
저 광야에 가리라

내 영혼이 우는 날까지

제2부

저잣거리 식당에서

노점 끝내고 밤늦게
반주 삼아 식사 갈 때마다
보는 부부 단골
오늘도 하나뿐인 새끼
같이 먹고 있다

사십대 중반 부부
새끼는 중 1~2학년 사내
이야기 중 부모 잘못 있는지

새끼가
엄니에게
이마에 꿀밤 주려고 하니

아비가 근엄하게
새끼 쳐다보며
이놈! 내 마누라,
네 엄마 얼굴
왜 때려 한다

그래서 엄니 팔뚝 한 대 때리고
아비 이마에 쌍꿀밤 날리니
아비 엄니 새끼
모두 웃고 행복해한다

하늘 아래 몽땅

파아란 하늘
하얀 뭉게구름
비행기 하얗고

하얀 바위 노적봉
푸른 숲
먼 아래 주막
잔치국수 막걸리 하이얗고

하얀 담배 피워
하이얀 연기
파란 하늘에 휴~

시 쓰는 노트
목욕탕 증기
칡 장수 형님 물통
횡단보도 표시
몽땅 하이얗고

달고나 설탕 소다
또한 하얗고
우리 민족 옷
하얗게 하얗게
하이얗다

돼지 개 소

지금까지
난, 살아오면서

먹고 먹는 꿀꿀이 돼지
옛날 도살 당할 땐
꽤에엑 소리치지만
눈물 흘러 우는 것
보지 못했고

반가우면 꼬리 치는 개
화나면 으르렁
아프면 깨갱깽
슬픔에 눈물 뚝뚝
흘리는 것 보지 못했습니다

그러나 논밭갈이 일만 해준
가장 영적인 짐승 소!
팔려 가며 눈물 흘리고
죽어서도 북이 되어
울고 울지요

어떤 작자 윤회론

신자유 시대 사람
기계처럼 살아

쩐만 알고
귀신 없다고 한다

인정 감정 메말라
전생 없다고 하니

내생도 없는 게 아닌가?
그런데

살아 있는 엄마
천대하고

복福 받기 위해
죽은 아비

주문 음식
제사상 잘도 차린다

빨가숭이

푸른 행성의 허파
아마존강
빨가숭이 부족처럼

대중 목욕탕
빨가숭이 사람!

거의
싸우는 일 없이

기분 좋게
목욕합니다

존중, 사랑
원초에 빨가숭이

강아지풀

멍멍
강아지
강아지풀!

바람 따라
세월 따라
잊어버렸는데

도심
시멘트 바닥
가로수 사이

내 고향
뒷동산
강아지풀

소꿉 마누라 그리워
쇠주병 꽂은
강아지풀

눈물

슬픔에 눈물은
아름답고 진실한 마음

용서와 참회
사랑에 눈물이지요

사랑 받은 사람 울고
미움 받은 사람 화내지요

악마의 후손
눈물이 없지요

울면 마음 선善해지고
화내면 마음 악惡해지고

그리우면 인정에 눈물 흘리고
배신 속엔 거짓 눈물 흘려

꽃 피는 세상
똥물 뿌리지요

말씀 중심의 삶

성경을 백날 읽어도
깨닫지 못하면 소용 없고
예배 백날 드려도
행함이 없으면 죽은 믿음

참믿음은
변함 없이 하나님 찬양하며
자신 죽이고 타인을 위해
살아가며
그 속에서
기뻐하는 것

"말씀 따로
삶 따로가 아닌
말씀대로의 삶"

태초에 말씀이 있었다

달고나 장수 · 16

나 살아가는
인생이라는 것은

친구들 쌕쌕이 타고
외국 여행 다니고

남동생은 브라질 정부
훈장 받으러
보름간 여행 갔고

찜통더위
노상에서
뽑기 만들며
살아갈 길 가지요

"옆 사람 보지 말고
앞만 보고 가세요"
하지만, 달고나 장수

앞도
뒤도
옆도 안 보고

이 순간 길 가는
사람만 봅니다
인생은 살아,
순간의 연속
바로 현재가 행복입니다

그리고 광활한 우주
저 머언 어디엔가
있을, 사랑의 님
향하여 가는
소망의 꿈!
고맙습니다 하고
살아가지요

달고나 장수 · 21

앞쪽
수많은 사람 지나간다
배불뚝이 남자 장님
키 작고 가냘픈 여자 장님

킬로그램kg당 50원 폐지 줍는
리어카 할배 유모차 할매
적어도 17명 이상은 된다

그중 허리 굽은
팔순 되는 할매
지난 추운 겨울 삼경에
24시 맥도날드 매장 의자에
앉아 자고 있던 할매

빌린 돈 4,000원 한 달 만에 갚고
군고구마 동생 준다
힘없어 하루 삼천 원 벌 거다

몇십억 국가 세금 내지 않고
대한민국이 자기에게 해준 것
뭐 있나 하는 인간보다는
책임 신용 있는 사람이다

달고나 장수 · 24

일 끝나고
혼자 밥술 먹고
고시원 왔다

좁은 방이지만
이곳은 내가 황제다

아무도 나에게
뭐하라 하는,
사람 없어
나홀로 세상이다

이곳엔
어느 곳에서 온
날파리 모기 있지만

그놈들에겐
신神적인 존재다

달고나 장수 · 30

길 가는
꼬맹이

어~엄마~아
달고나 먹고 싶어

한 개 얼마요?
천 원입니다

흰머리 날리는
나이인데도

꼬맹이
엄마~ 그 소리

울 엄마 생각나
가슴속

깊은 곳에서
울컥, 눈물 올라왔다

자영 自詠

푸른 산 깊고 맑은 물아
가을 호수 들국화야
달 아래 산난초야
내 마음 깊은 곳 하늘을 느끼네

장독대

구덕재* 맑은 물
흐르던 도랑가
신식 양철 지붕 집

따스한 햇볕
아래,
고추잠자리
졸고

엄마의 솜씨
빠알간 고추!
까만 숯 덩어리
메주 둥둥 띄운
아기의 놀이터

※구덕재: 부산에 있는 고개

고등어

재래시장 자판
통통,
등 푸른 생선

올망졸망 쫓던,
고향 산사山寺 초가집
가마솥 아궁이
석쇠,

솔잎
방울
잔가지
빠알간 숯불!

지글지글
흰 연기 피우던
하~
침 흘리던 그때가….

외할매

나 태어난 1957년도
그 숫자만큼 뺀 아기 시절
울 엄마가 엄마아~
부르던 인자 자상하신

팔도강산 오줌 누는 지형
수로왕릉 마주 보는 갈대
우거진 낙동강변
초가 지붕만 있고
상수리 고목 잎
성황당 깃발 따라 흔들려
부엉이 우는
검은 어둔 밤 지나
붉은 해 뜨기 전
하이얀 얼음달마저
우는 새벽녘에,
"팔뚝만 한 구렁이
짝돌담 넘어가면
서방님 죽어 나간다"

울 엄마 아부지
나 태어난 사상덕포 마을

회초리 싸리나무 담
둘러싸인 안마당
바둑이가 쫓던
꼬꼬레~오 아래
노오란 삐약, 삐~약
따라간 뒷간 애 엄마 같은 닭
품에

노랑노랑
따스한 알
꺼내어 주던
엄마의 엄마!

나의 꿈

평화의 비둘기
무지 타고 싶다
거리의 철학자
노점, 아! 달고나 장수

또, 다시 날아
고구려 땅 근원둥이※ 딸
애 엄마 함께

40년지기 사는
지상 천국
오클랜드행

※근원둥이: ①첫날밤에 배어서 낳은 아이 ②사이가 좋지 않던 부부가 다시 화합하여 낳은 아이

청각 장애자

보청기 빼고 나니
대우주의 고요 밀어온다

배기통 네 발
굴러가는 소리
하나,
들리지 않고

직립 보행 하는 동물
찍 소리 못하고
가는 것 같다

이건 신神이 준
하나의 특권!
깨달아
감사하는 것입니다

예수님

예수의
이름 앞에
눈물 흘러 웁니다

왜
우냐
묻지 마세요

그냥 웁니다
이건,
감사의 눈물이며

세상이 아무리 시끄럽고
골치 아파도
구름 침상 누워
이불 하나 뒤집어쓰면
마음이 편해진다
이유는 예수···.

달고나 장수의 기도

주여
미움과 다툼이 활개치는 곳에
사랑이 있게 하시고
원망과 탄식만 하는 곳엔
슬픔을 깨달아
용서를 베풀고
배신과 절망 속에선
충성의 미덕과 희망을 배워
화냄 속에서, 죽이고 싶은 자에게
웃을 줄 아는 여유를 가져
잊지 말아야 할 사람 그리워하며
많은 음식에 지난 보릿고개 잊지 않고
외로운 시간에 부지런함을 알아
푸르른 행성 땅 위에서
파아란 하늘 우러러
주! 찬양하며
에메랄드 빛 삶을
더불어 살게 하소서 아멘

달고나 장수 일언

재벌이든 노숙자든
신자유 시대 살아가며
쩐, 구애 받지 않고
살아가는 사람 있는가?
하면,
어떤 음식 먹든
다 똑같은 '똥!' 이잖아
쩐, 좀 있다
뭐! 그리 대단한
인간이라
따지고
대접 받길 원하는가?

달고나 장수·41

수원발 전철 타고 세계 최고 복싱
라스베가스 특설링!
한쪽 눈 잃어버린 후배 링명 장진석
철환이 보고 오는 전철 안
팔다리 비정상 장애
힐끔힐끔 쭈그리는 이여

이리 살아가는 것
울어 가며 서러운데
공돈 내고 살지는 않잖아
눈치! 왜 보고 사냐?

굶어 죽을까 봐 그런가
"공중 나는 새도 모으지 않고 사는데…"
날지 못해 그런가요
하지만, 저 우주 끝까지
갈 수 있는 착한 영혼이 있잖아
당당 떳떳하게 살아요

시방! 그네, 순실 계집
세상이 아니라오
천상천하유아독존天上天下唯我獨尊이라오

달고나 장수 · 44

쩐 없는 노점 장수라고
한낱,
스쳐 가는 바람인가요?

바람처럼
대하지 말아 주세요

휘영청!
보름달 뜬 야밤에

검은 늑대
붉은 울음
토하는 것도

바람처럼 왔다
바람처럼 가는 삶이지만

바람처럼 잊히길
거부하기에

그렇게도 그렇게도
목놓아 우는 것입니다

달고나 장수 · 57

독박골 산山
중앙 하늘에
민들레 꽃
둥근 달고나 두둥실

세상은 모세가 벌한
황금 송아지 우상!
황금 돼지, 황금 개
스마트폰 시대

돌리고 돌리는 장수
어린 시절,
일 원짜리 동전 쥐고
말똥 과자 사러

초가 골목 담길
해바라기 꽃!
달빛
따라갔지요

제3부

이 땅에서 사랑하고, 노상까지

나는 대한大韓 사람

한국 말은 유창한데
영어 일본어
세월에 잊어 먹고 깡통!
한문 좀 알아도
중국어 '쎄쎄' 만 알 뿐

최고 살기 좋은 나라
25년 전 뉴질랜드 가서 동경
몇 년 전만 해도 호주 캐나다 알프스 스위스
하다못해 아마존 정글까지 생각

이 순간 64세 노인
김치 된장찌개 국민 담배 최고 맛!
엄마 아부지 살다간 팔도강산
최고 살기 좋은 나라

독도

대우주大宇宙
푸른 행성!
가장 큰 대륙의 끝

일등으로 태양 오르는
한반도 백의민족
까아만 바른 눈동자

하이얀 새
비상하는 곳!
막내에

쪽발이들
자기네 땅이라 우기는데
쭈욱 마셔 버려라

대륙을 호령한
백두산白頭山
호랑이 살아 있다

달고나 장수 · 88

얼굴엔 검은 버섯 꽃피어
다리는 휘청휘청

정감과 온정은 식어
낭만조차 검은 강을 따라갔다

아~ 오롯이
흑백 TV 보며
함박웃음!

보릿고개 엄마
칼수제비 옹기종기
먹던 때가 그립다

달고나 장수 · 90

계명성이여
계명성이여

그리도
암흑 천지에

배신의 붉은
피 흘려서
빛나고 싶단 말인가?

차라리
차라리

골고다 십자가
피! 흘려서
찬양을 받지나 그랬지

달고나 장수 · 99

연신내 물빛공원 땅바닥 앉아
쇠주 막걸리 벗하는
인생 고수보단 행복 조건
다 가지고 있는데

무엇이 괴롭고 외로운가?
하~ 욕심 속
타인과 비교!
외로움 엄습하는 것은
아직도 완전히
똥! 못 비운 것인가?

신자유 시대 속물들
욕 손가락질 받아가며
하늘 똥파리
땅개같이 침 흘려
오래 살기 원하는가?

모교 경희궁 선배

소령 강재구 존경
욜로 길에서 마음 잡고 살아
한겨레 약방 여女 사장님
저기 달! 하는…

비 오면 못 보는 달! 아저씨
천명天命에 순종順從
하루 돌리고 하루씩 돌리며
주! 찬양합니다

달고나 장수·100

폴 발레리 말처럼
"시의 첫 구절
신神의 선물이다"

이 아침에
놓친 글쟁이

하늘이
우~ 흘리는 날!
무엇을 하리오

먼저 먹음 임자 종種보다
하늘만 향한 종種처럼…

먼 산 홀로 뜬
달마저 없는
검은 하늘만

연신내 정심淨心관
창窓 넘어본다

달고나 장수 · 103

밀짚모자 쓰고
훈민정음 첫소리 자음 들고
황금들판 추수 후
백의민족 막걸리 먹는 주酒!
일품 안주 홍어 김씨金氏
다리 절게 한 다카키 마사오※여

북망산 고갯길
쇠말뚝 박혀 넘지도 못하는가?
어여타
무궁화 삼천리 꽃!
짓밟고
쪽발이 사쿠라꽃
충성忠誠한 업業인가?

※박정희 일본 이름

현실에 살며

마음만이 22일이다
지금 23일인데
시간 보내기 아쉬운가?

마음만이 뒷날이냐?
앞 보고 살아가는 사람인데
앞날 골치 아파 단순 어린 날 그리운가?

살아 있다는 것은 이 순간을 말한다
과거와 미래는 소용없다!
오직 순간에 살고 죽고
일체유심조 一切唯心造 에 있다

산꼭대기 동네

점점 고요히 깊어 가는 이 밤
어떤 보람 희망 가는지?
반짝 별!
하늘 보아도 무덤덤한데

가정집 자그만 창문
빨스레 노란빛에
옹기종기 옛날이 피어나
내 마음 깊은 강 요동치고

띠띠빵빵! 소리 없는
리어카 위로
소금 향기 불어와 속삭이네
고향 언덕 가자고….

휘날리는 꽃

봄 꽃밭에서
꽃 피는 산골
향기 따라 날아가

어여쁜 님
정情 주고
뚝, 뚝, 떨어져

꽃송이!
꺾어지도록
울고 싶어라

쪽방 나와서

떠들다 꿈에 있는
형제 보며 등 돌아누우니
새벽 예불 댕댕 울림에

또
한 잎
떠나는 계절

썩어빠진 가난의 열등감 청춘아
붉은 피 용솟음쳐
낱낱이 정진하리라

※많은 식구에 방이 좁아서 나, 작은형, 도륜 스님 1,500원 주고
 여관방에서 자다.

꽃밭 개아미

시퍼런 잎에
천국인 양 잘도 논다

위를 봐 보면
진녹색 잎들 사이

청푸른 유유한 하늘!
빠알간 사랑의 꽃 요람지
천국인 양 좋아라

옛 고향 봄

아지랑이 아롱아롱
노오란 민들레 꽃
진달래꽃! 노을 지고

하얀 꽃 아카시아
그날 떠오른다
뒷산 복숭아 서리 도둑

아~ 생각난다
코 흘리는 난닝구 빵구 난
까만 얼굴의 미소!

보고픈 아버지

상경하는 날
기차 창의 눈물
기적 소리에 떠나는 그 밤

남포동 극장 영화 벤허 본 날
용두산 공원 같이 걷던 그날
논두렁길 같이 큰 외숙집 가던 날

기찻길 고향 산하
심지 돋고 통담배 물던
호롱불 아래 책 읽는 안경!

내 고향

남쪽 나라 바다
머얼리 물새가 날으고
파란 두 마음
손에 손 잡고
노을 아래 뛰놀던 언덕
오륙도 동백섬!

봄꽃

먼 나래를 펴고
하이얀
너무도 하얀, 그 소녀와

머언 고향의 진달래
노을 지는 하늘
그 빛이

정녕! 그들은
기다림 속 사랑이었다

인간

서로가 외치는 인간이냐?
자기가 자기 모르고 외치는 자기냐?

쌍방이 망한다
잘못이면 잘못했다 하라!

깨끗이 살고 진실한 거짓 없는
인간 대 인간 사는 사람이 되자

노적사에서

하이얀 안개가 내 방을 떠나
방문 앞으로 노적봉까지 짙어 가
자연 속 나를 발견한다
문득 음악 듣고 싶다
옆 고장난 녹음기 안타까움이네

지금 막 산책 간 후배
산딸기 가져와 자연 속
나를 분명하게 하네
노적봉 아래 조용히 있으니
속세 떠난 기분
시멘트 상자 속 삶에
무얼 그리 쫓아왔던가?

아침이면 참새 까치
밤이면 어둠 속 개골이 울음
이름 없는 풀벌레 소리
방문 밖 아래, 선녀탕 물소리
푸른 말 없는 울창한 숲

이 상쾌한 맑은 공기 평강平康입니다

신神이여
내 목 터지도록 불러볼 사랑이시여
고뇌에 있는
날 따르는 많은 동생들
이끌어 갈 수 있는 힘 주소서

산새 울음소리 들려오누나!

엄마에게 드리는 글
― 슬픔이여 나를 정화淨化하소서

엄마,
보고 싶습니다
그 옛날 자상하신
아미에 웃음!
다시는 볼 수 없겠지만
언제나 가슴속에 남아 있답니다

엄마,
지금 저는 엄마 육신肉身 옆에서
이 글을 쓰고 있답니다
그리고 엄마의 사진을 정신 없이
보고 있어요
보고 또 보고 하여도
엄마는 자상하시고 포근하답니다
그리고 아름다운 엄마이에요

엄마,
걱정하지 마세요
저희들은 이 세상을 열심히

살아갈 테니까요
서로 화목하게도 지낼 테니까요

엄마,
보고 싶어요
정말 그때가 다시 보고 싶어요
단 일 분이라도 좋아요
용서하세요 엄마!
벌써부터 마음이 약하다고
꾸중하지 마십시오

엄마,
천국은 어때요
정말 좋은 곳이지요
주主님도 있고 외할머니
전부 잘 있지요

엄마,
지금은 04시 10분이에요

형님이 밤이 늦다고 잠을 자라고 해요
하지만, 잠이 오지 않는 걸 어떡해요
엄마! 아버지 한 번 만나 보고 가세요
물론 만나 보고 갔겠죠
아버지는 잘 있던미까?
말도 안 통하고 왔는지도 못 알아봐
얼마나 답답하고 애가 타겠습니까?

엄마,
우리 그날까지 열심히 살아갈게요
이승에서 못 이룬 꿈과 기대를
저승에서 만나 이루고
오순도순 웃으며 행복하게 살아요

엄마,
그날까지 주主님의 뜻에 따르며
끝까지 인내로써 살아갈게요
엄마 이젠 펜을 놓아야겠어요
부디 천국에서나마 마음 아주 편하게

행복하세요

엄마!
천국에서 영생 복락 누리소서
그리스도 이름으로 아멘

※위암 투병 중 57세로 돌아가신 어머님께

북한산 계곡

이름 모를 풀벌레
울음소리 들려오는

고요가 찾은
늦여름 밤 시원한 청취

단둘이 한다면
나! 기뻐하리

계곡 물소리 이 자연에
도취되는 그 이름이여

장봉도 섬소녀

소녀
하고, 불러 보고 싶은 소녀!
생각나나 그립지 않나
예쁜 조개 쥐어 주던
그때가 그립지 않나

소녀
하고, 불러 보고 싶은
아름다운 이름
생각나냐 포근하지 않냐?

잠결에 고운 미소
향긋한 여운 서려 있는
고운 담요! 덮어 주는
아름다운 추억이….

장봉도 향한 뱃머리에서

안개 낀 말없는 저 바다
수평선 너머
보일 듯이 보일 듯이
검푸른 물결

갈매기 나는 바다
파도 소리 뱃고동 울음
마도로스 형님의 바다여
나 뱃머리 있노라!

반가운 북한산

저 산 너머 가족 있는 가고픈 집
그리운 동생들 있다네
고향에 엄마도 왔을지도 모르지
저기 저 흰구름 정말 좋겠다
그리운 엄마 형제 자매 볼 수 있으니

여기 떠나지도 말고 좀 있음 좋겠다
그러나 이곳 떠나
구령 소리 점호 속 기합 받고
멸공입니다

※1978년 각개 전투장에서

새 울음

바람에 구름 가고
까치는 아침부터
깍, 깍, 깍

태양 아래 참새
온종일
짹, 짹, 짹

달님 울 때
부엉이는 죽고 없다

TO Limo Song · 2

인간이 산다는 것은
이 한밤도 저물어 가고
무한 시간 유한으로 가는 쓸쓸함

홀로 명상에 잠겨
인생을 찾고
님의 소리 들리는 듯하지만
임은 소식조차 없구나

인간이 산다는 것은
사람과 사람 사이
마냥 알 수가 없구나
하나, 사랑으로 하나가 될 수 있음은
천명이라 하겠구나

인간이 산다는 것은 사랑을 위하여
이 한밤도 저물어 가도….

※오클랜드 친구 집에서

인생 항로航路

주룩주룩 비 내려
풍경 정취 정자에
하이얀 곡차나
한 잔 두 잔 장땡인데

쩐 떨어진 걸뱅이가
어디 가야 하는가?
딩가딩가 곡조는
양귀비가 좋은가?
청산리 벽계수야
황진이는 아는가?

두둥실 취몽에
꿈 깨라 천둥 치니
어즈버 늙골방
깡쇠주 고독에
디비자면 그만이니
고뇌야 떠나거라

고들빼기 꽃 피었네

제4부

엄마

세상에서 최고
보고 싶은 사람

이 땅에서 가장
한恨 가지고 가신 사람

삶에서 제일
그리운 사람
보고 싶다

진리眞理 · 2

지상에 모든 동물, 거짓 없지만
자유 의지 인간 마음속
욕심에 굴복하면 거짓 생기고
필요 이상 과욕심은 탈이 난다
이건 천명天命이다

주론 酒論

음식이 좋으면 생각나고
마시면 안주가 따라오고
신선神仙은 취해도 신선
악惡에서 마서, 마서 폭주꾼

속물은 취하면 개같이 짖어
쩐 힘에 갑질!
소인小人은 잘못 마셔 화를 부르고
객기 부리는 놈 마실 자격 있냐?

주酒 모르는 자 마시자~아
논論할 자격 있나요?
밤하늘 노오란 별 반짝반짝
광야엔 이름 없는 꽃!

털 없는 원숭이 세상엔
사랑에 웃고 울고
만나고 떠나고…
마시는 주酒와 창작創作
시詩가 있다

시인詩人 정지홍 전前·4

오늘 새벽은
왜 이리 쇠주 한 잔 고픈가?
안주 시원찮아 망설여
술꾼 아닌가 보이

5공 군사독재 비판 박정만 시인
고문 후유증에 깡쇠주
3달간 500병 쳐 죽인
술꾼 명함 내밀 수 있잖은가?

나두야 결국 카~ 한 잔
역시 술꾼!

어젯밤 그대도
명월주明月酒 인생
쉬이쉬이 걸어갔는가?

아, 달고나 시인

아: 아, 보릿고개 유일한 과자
달: 달고나 만들고
　　달다 주酒 마시며
고: 고난의 고개 넘어
나: 나를 찾아
시: 시詩를 짓는
인: 인간은 굽거나 누우면 죽고
　　펴거나 걸으면 산다

시간

전방으로 갈기면
또 마셔야 되고
후방으로 싸면
또 먹어야 되는데

비워라 버려라
말짱 헛되도다
오로지 믿을 건
태양이 절문 사이 멈춤뿐!

미치광이 물
마시다 마시다
바람 따라 가겠네

달고나와 칡 장수

조강*에 붉은
달이 뜨고

닭대가리 보리 문둥이 머시마
11년 돌리고 돌리고

토끼풀 핫바지 양반님
35년 짜고 짜고

조선 팔도 명당 북한산 자락
연신내 로데오 거리에

감자꽃* 피어라

※조강: 항우가 자결한 강
※감자꽃 꽃말: 당신을 따르겠습니다

달고나 장수 · 163

희생의 십자가 교인이여
예수님!
대학원 나왔습니까
재산 많은 부자입니까

집도 없는 노숙이었잖아요
그런데
그대는 왜!
따지고 차별하며 살고 있습니까

달고나 장수 · 164
―삼일절 날

하늘 슬퍼 우는 날
허무하다, 허무해서
일은 안 한다

쨍쨍 태양 쉬는 날
까만 드럼통 노란 주전자
하이얀 탁주 새파란 파전!
젓가락 두들기는 시절 그리워
막걸리 한잔!

어화둥둥, 둥둥둥
좋오타~ 좋아

짱개 양귀비 저리 가라
백의민족白衣民族
하얀 우리나라 술!
황진이 아지매
더 홍興이 나노라

달고나 장수 · 168

오래 사는 방법 별것 없다
하루 두 번 나누어 돌리고 돌려
책冊 읽고 시詩를 쓰며

주고, 주고, 또 주고
짧게 두 번 자고 살면
배로 살지 않은가?

식사는 아점※, 일 끝나
야밤 한 잔, 시간 살아도
로봇 컴 세상 운동 부족
확찐자! 병病나는 세상
적게 먹음 건강하지 않은가?

하여
독거이락獨居而樂※
부지장지노지不知將至老之※라

※아점: 아침 겸 점심
※독거이락: 혼자 삶
※부지장지노지: 시간 가는 줄 모르고 늙어 간다

달고나 장수 · 170

코로나발 바람
불어온 지 벌써 해 바뀌고
로데오 거리 날리던
죽은 잎조차 사라진 언덕

청송은 홀로 푸르고
엄마의 달마저 병상에 눕고
바벨탑 사이 검은 동맥
온종일 쌩 쌩 쌩

파란 하늘 아래 하얀 징검다리
빨, 노, 초 피 흘러
백발 날리는
돌리고 돌리는 뺑뺑이 장수

산산이 부서진 이름이여
내가 부르다가 죽을 이름이여
이 광야에 가리라

달고나 장수 · 171

선인善人은 선주善酒
악인惡人은 악주惡酒
폭인暴人은 폭주暴酒
신선神仙은 신선주神仙酒
돌중은 곡차穀茶※
신부는 진주眞酒
목사는 가주假酒, 금주禁酒

군인은 총으로 정권 잡은 폭탄주
시인은 말[言]의 절 짓는 시주詩酒
달고나 장수 아! 달다 주酒 마셔

되는 대로 살고
주는 대로 받고
바람처럼 가는 곳
물처럼 낮은 곳
되는 대로 흘러가리라

※곡차: 절에서 술을 이르는 말
※폭탄주: 양주＋맥주 전두환 씨가 시조

달고나 장수·172

음식 맛에 술 취해 TV 보면
코로나발 세상
엿같이 휘어지고
할 일 없어 책 보면
고뇌는 떠나가고
산야에 개불알꽃
며느리밑씻개 꽃, 싹이 돋고
수도권 세상, 자부지처라 하는데
인생 고수방에
안지만 지부지처[※] 하노라

※안지만 지부지처: 안주를 지가 만들어서 지가 부어서 지가 처 먹는다. 혼술 비속어

달고나 장수 · 174

손가락 물었다고
건들지 않으면 물지 않는
강아지 때려죽여
벌금 내는 세상

코로나가 백신
인간이 바이러스라는 세상에
강아지 마스크 쓴 것 보았는가?

검은 똥줄 수염 바지 다 떨어져
사타구니 보여
어슬렁어슬렁 사자머리
마스크 필요 없이 살아가는데

수구초심首丘初心 못 하는
하이얀 억새 날리는
마스크 쓴 뺑뺑이 장수
푸른 하늘 보지 못해
참이슬 한 잔! 쭈~욱

달고나 장수 · 176

거시기*에
깽, 깽, 깽. 깽깽이풀!
홍씨감씨 터졌네
영감 불알 터졌네
개불알꽃

청상과부
며느리밑씻개 꽃!
활짝 핀 동산

아카시아 하얀 꽃 휘날리는
노오란 달뜬
800리 낙동강변 초가 마을

굴뚝, 하이얀 연기 푸른 하늘 은하수
하얀 쪽배엔 향해 가고…

호롱불 아래 옹기종기
가마솥 엄마 된장국

내 인생 가장 좋은 시절 그립다

※거시기: 말하는 도중 사람이나 사물의 이름이 얼른 떠오르지 아니할 때 그 이름을 대신하는 말

달고나 장수 · 178

푸른 언덕 지나
깊고 깊은 계곡 정복한
불알 불알 개불알꽃

모가지 치면 죽는 동물
쳐도 쳐도 살아나는 뿔!
"모가지가 길어서
슬픈 짐승이여"

휘영청 둥근달 아래
집착 고뇌 살아갈 필요 없다
버리고 비워
오염된 속물들 인간에 탈출하라

"나는 버린 것이 아니라
더 좋은 것을 선택한 것"
조차, 욕심 아닌가?

"도라지 도라지 백도라지

심심산천에 백도라지"
살고 싶다

달고나 장수 · 183

살아 그립고
죽어서도 그리울 거면
영원한 그리움뿐인가?
그러나 자기 존재만
알면 악에 빠져
그리움도 모른다

달고나 장수 · 184

화가는 그림으로
그리움을 그리고

문인은 마음에서
그리움을 글로 그리고

종교인 기도로 찾고

속물은 쩐!
욕망을 그리고

그리움이란
본향을 찾는 신의 뜻!

그리하야
신자유 시대 유일신만 좇는
위대한 속물이시여

아케론* 강까지

뱃삯으로 가지고 가시라

※아케론: 죽음의 사자가 망자를 지옥으로 데려가기 위해 건너
 는 강

달고나 장수 · 188

코로나 백신 맞고
연신내 로데오 거리
달고나 통 머언 발치 있는데
한 번 왔다간 할머니, 젊은 엄마
두리번

5살 아기 아가씨 손님
검지손가락 달고나 장수 가리키니
할매, 엄마 박장대소!

10년 8개월 9일째
최고 영광

돌리고 돌리는 장수도
사회에 필요하다는 것
아기한테 배워 감사합니다

달고나 장수 · 198

"나라를 위해 죽는 백성은 있어도
죽는 왕은 없다"
천황 모신 박통이 그런가?
쿠데타 배운 전통이 그런가?
다 자기 사욕을 위해서 살았지!

어느 누가 떳떳이
말할 수 있겠는가
조국 위해서만 살았다고

이름 없는 독립유공자!
이름 없는 사변 전사자!
남한산성 평생 김밥 팔아
6억 기부한 92세 할머님!
이들이 있기에
조국이 있는 것입니다

달고나 장수 · 225

배고프면 먹어야
먹고 나서 소화 다 되면 싸야
지혜가 고프면 읽어야
머리가 차면 말하고 써야
가슴이 고프면 노래하고 읊어야
영혼이 고프면 기도, 찬양으로 감사를…

무념무상 그날까지
먹고 마시고 또 먹고 마시고
즐거이 노래 부르자

한겨레 약국이여
우리에겐
백두산의 천지지天池地에도
큰 변소가 있다

달고나 장수 · 227

거짓말해서 그 사람 행복해진다면
거짓말해야 하는가?
답 몰라…
목사님께 물어보면 기도해라
스님께 물어보면 염불해라
아는 것은 안다고 모르는 것은 모른다
공자는 말했고
난, 모른다 너 자신을 알라!
소크라테스는 말한 것 아닌가?
하여, 자문하니
쓸데없는 생각 접어 두고
마~시~자아 한잔의 술!
그게 답이다

달고나 장수 · 229

현대판 신선은 있어도 없는 척
알아도 모르는 척 보아도 못 본 척
그러나, 마시자 먹자에 거짓 없고…
"하늘은 만물을 똑같이 대하며
어떤 특정한 사람만을 도와주지는 않는다
자기를 도울 수 있는 사람은 자기 자신"

하늘이 주신 자유 의지에서
다 똑같은 인생로인데
쩐 때문 세월 건강 보내고
그 쩐도 제대로 못 쓰고 가는
쩐의 종들아!
아케론 강 건너
지옥에서도 쩐, 쩐 하는가?

달고나 장수 · 237

천진*으로
일로발* 가는 자여
화는 입에서 나오고
"뚱보는 입으로 잘 만들어져"
업을 따라 돌고 도는 세상
코 흘리던 시절
예비군 아저씨 지나간다 했는데
흐르고 흘러
예비군 애들이 지나가는
세월의 무서리에

먹자, 먹자 되는 대로 또 먹자!
먹는 것은 과거도 없고 미래도 없다
오직, 이 순간이 있을 뿐이다
그러나 돼지같이 먹지만 말고
기뻐하며 감사하며
즐거이 먹자!

※천진: 사람 고기로 만든 만두
※일로발: 계속 돈을 버는 자

달고나 장수 · 238

곰팡이 피는 장마철
집구석 불사용 물건 쌓아 놓고
거미줄 친 검은 꽃 만발하지 말고
없는 사람 베풀어
기쁘고 가벼워 얼수 좋오타!

더불어 삶 인간이라
같이 먹어야 더 맛있고
즐겁지 아니한가?

종합 투병 중 아기 엄마
살아 있다는 게
그리 행복인 줄
어제 저녁 식사 때 알았노라

맨 혼밥 먹다 같이 먹었다

달고나 장수 · 240

살아 있는 사람, 그리움은 만나야
죽은 사람, 그리움은 추모 속에서 찾고
소식 끊어진 과거의
살아 있을 사람은 추억하고
만날 수 있지만 싫은 사람의
마음은 용서해야

먹기만 하고, 싸지 않으면
존재할 수 있는가?
또한, 읽기만 하면
고뇌는 떠나지만
창작할 수가 없어
생각한다는 사람이 될 수 없노라

말의 절을 짓는 자여!
번뇌 고뇌 방황 속 귀똥찬이 아니라
기똥찬 시를 쓰고 싶지 않은가?
하여, 밑바닥 삶에 감사하고
영원히 돌아가는 선풍기는 없다
그러나 우주의 바람은 영원히 불어온다

달고나 장수 · 241

시 한 편 창작하면
4만 원 날아가고(자비 출판 기준)
쩐 많아 먹고 싸면
그때뿐이지만
시는 인생에 남아 있다

아~ 찜통더위에 짜증 나는데
시원한 바람이 불어와
어~ 시원하다!

이 맛이 삶의 행복이다

달고나 장수 · 242

"인생 엿도 아니다" 속에서
인생 진짜 어렵다
정진하고 전진하자
"9988234* 위하여…."

※99세까지 팔팔하게 오래 살고 2일이나 3일 정도 누웠다가 편히 사별하자

달고나 장수 · 246

몸 정신 마음
건강에
노인 되어 직업 충실하면
무엇이 부러운가?
책 읽어 고뇌는 떠나가고
시 써 마음을 정화해
사우나 땀 빼
풍덩! 아~ 천국이 따로 없다
쥐꼬리 명함, 명예도 쬐금 있어
얼쑤! 좋오타
곡차나 팔아 줘야겠다

달고나 장수 · 249

세상엔 믿을 놈
하나도 없다는 쩐 세상
"효는 쩐으로 아니라
몸으로 하는 것이며…"

예술은 꽃이오
문학은 향기라 하는
메타버스 시대※
인간은 감정이 살아야
참 내가 아닌가?

하여
런던은 셰익스피어를
인도보다 먼저 택하니
서울은 셰익스피어보다
기나긴 동지 밤의 연인을
택해야 할 것 아닌가?

※메타버스 시대: 현실 세계와 컴퓨터를 통한 가상 세계가 동시
에 구현되는 시대

달고나 장수의 길

제5부

달고나 장수 · 252

섞은 물 마시고 해롱해롱
섞은 말 해도
세상은 돌아가고 정화된다
충고, 용서 없이
갈 사람은 가라
완벽한 인간은 없다
고치고 고치며
사람이 되고
가식 속에 완벽한 인간이 나온다

※잔소리한 순댓국집에서 한잔하며

달고나 장수 · 253

카~
한잔 쭈욱
빙글빙글 세상이 돌아
경제가 돌아간다

술 못하면 침묵하라

과하게 마~시~자아
하여
민폐 주고 망치면 안 된다

"난 술 마시고 그림 그린
죄밖에 없다"
붙이며….

달고나 장수 · 254

물같이 흘러간 일들은
역사입니다
찬란한 태양을 바라보며
희망찬 내일을 향하여
땀 흘리고
휘영청! 둥근달이 오르면
가마솥 하이얀 쌀밥!
아궁이 불 때던
엄마,
그리워 눈물 흘립니다

달고나 장수 · 255

당해 보지 않고
겪어 보지 않고
이해, 느낌
깨달음 오기 전

좋아하지 말고
미워하지 말고
침묵에 있는 것
최고의 처세술입니다

달고나 장수 · 257

신선이 마시는
물 먹는 자여

멍멍멍 말고
어화 두둥둥

바둑이 더불어
두둥실 가자

달고나 장수 · 260

인생은 홀로
더불어 한 잔 먹고
커피 타 마시는 것인데
아니다 말하는 인간!
지금 만나고 있는 사람들이
가장 소중한 사람인 줄
모르는 돼지일 뿐이다

달고나 장수 · 261

끝없는
반짝반짝 별!

검푸른 하늘 아래
가장 소중한 작품은 자기 자신

하여
짤랑이 엽전에
몸과 영혼 흔들리지 말고
각 별들에 아! 달구나

달고나 장수 · 266

비가 오네
비가 와
이런 날 외롭다고 한탄하지 마라
담배, 술, 밥(먹는 것)
책도 있는데
TV까지 볼
마음의 여유는 없다

하나님께 감사
기도할 일도 기다리고…
최고 높은 코가 일을 해야
최고 낮은 며느리밑씻개
황금 꽃이 핀다!

달고나 장수 · 267

마음대로 주무시고
기분대로 일어나
세상 모든 쩐 가지고서
살리고 죽이는
하늘 용상에 앉고 싶은가?
오오~ 하지 마라
골통 더 아파
속 뒤집어져
인간은 할 수가 없다
보기 싫은 진짜 미운
수평 사랑해 줘야 하는데
체면에 욕 못 해
신선 물에 빠져
헤엄칠 수가 없다

달고나 장수 · 268

코로나발 불어 문화 바뀌어
밤거리 적막! 썰렁 폭탄주 마셔
기분 조절하려 했는데
마음대로 안돼!
아~ 인생 이런 것인가?
화통 불붙어 결단력 올라
자라, 자면!
모든 게 그 순간 없어지는데

찰나에 번쩍! 초등학교 4년 때
홍영철 빠~앙점
학우들 합창 소리 들려와

늙다리 나이듦에
순간순간 찰나
생각 왔다갔다
숨 쉬고 있노라

달고나 장수 · 274

오랜만 빼주※ 마시고
알딸딸
신문 TV 뉴스
이태원 핼러윈 축제
"지구를 떠나거라" 사건
누구를 탓하지 마라
자기 자신 관리 문제다
전쟁에도 그렇잖아
실수 용납 않는 생존 원리다

※빼주: 중국 고량주

달고나 장수 · 276

요즘 정치판 "날리면…"
짜증나
푸르른 세종 대왕님 모시고
푸른 바다 하이얀 방울
요동치는 도로변
회까닥 횟집 빼주 마시고
검은 쌩쌩강 전봇대 옆
영계 소문 치킨 날개 먹고
피주※ 마셔
달아 달아
태백이는 가고
일장춘몽 헬렐레하노라

※피주: 중국 맥주

달고나 장수 · 281

300,000,000:1로 태어난
내가 우습게 살면 되는가?
가치 있게 살아야 하는데

살면서 수많은 직업 중
가장 편하지만
고뇌가 최고 찾아와

돌리고 돌려야 좋오타 하는데…
코로나발 불어 경제도 가고
거리가 썰렁

아~ 오늘 밤은
달님마저 가고
별조차 각자도생

달고나 장수 · 282

코로나발 불어와
거리 썰렁 허전해
고뇌 번뇌 오는데
눈먼 장님 보면서
아아 나는 행운아!

시인과 문자 대화

마신다고 세월 잘 가시는가?
마신다고 세월 잘 가시는가?
적당히 마셔야지
오래오래 마시지
벗도 찾고 뽕도 따고
홍아 홍아 좋지!
좋오타 이리저리
비틀비틀 흔들리며 가자꾸나
칼슘왕!
멸치를 씹고서….

믿음 · 3

눈 돌려
위로 보면
파아란 것이 있다
그런데
왜 없다고 하는가?
밤하늘
빤짝빤짝
별도 있는데….

달고나 장수 일기 · 14

금요일 돌아가 주일 새벽 부활하신
예수의 코스모스※ 중에서
유일한 창녀※여

예수의 세마포※ 탐하지 않고
랍비여!
어디 계시나이까?
그게 바로 주어이며

노인은 출세와 쩐 위해서
책 보는 게 아니다
고뇌하지 않기 위해 읽는다

하루 수백 번 마음 움직이는 것
쓰면 낙서가 되고
머릿속 통해 마음으로 나오면 시가 된다

※코스모스: 하나님 질서
※창녀: 막달라 마리아
※예수의 세마포: 죽음 후에 몸 감싼 수건(세계 최고의 보물)

엄마 · 3

이 세상에 가장
위대한 것은 어머니이다
어머니보다 위대한 것 있는가?

말이 필요 없다
엄마가
그냥 보고 싶다
그리고 눈물 난다

달고나 장수 일기 · 15

아, 오랜만에 쩔뚝쩔뚝
퇴근길 폐지 끌고 가는
할머니 보네
뒤쫓아가 달고나 좀 주니
빵긋! 좋아해
요즘 깡 매상이지만 힘나고
핸폰 소식 정치인 짓 보면
화산 폭발에 살아감이 힘드네

달고나 장수 일기 · 17

일주간 읽을 책 없어
투덜거린 뺑뺑이 장수
오늘 아침 성경 읽어
아, 읽을 책 있는 것
모르고 살아온 내가
울 할망 돌멩이라고 했는데
내 돌이었구나 알아!
고맙습니다. 생활 속 감사 느껴
임마누엘 할렐루야

달고나 장수의 길

끝없는 대우주
수많은 어느 별에서
에메랄드 파아란 행성!
가장 높은 하늘 천지
하이얀 머리산 정기 받아
3억대 1로 온 우리들
각자가 가는 길
하찮은 벌레라도 필요 없다
죽이지 말고 공생하며 가도,
도착할까 말까 하니
처음부터 끝까지
일사천리 없이
더불어 가야 합니다

올라가다 힘들어 쉬어야 하고
내려가다 넘어져 울어야 하며
돌아돌아 하염없이
머나먼 길 가야 하고
생명 없고 물도 없는 모래 언덕

호올로 넘어 한줄기 빛도 없이
암흑의 밤길 가야 되고
공황장애 고통족!
죽을 고비도 겪는 인생로

알면 알수록 고뇌 찾아와
외롭고 괴로움 속에서
맛있는 맛!
느낄수록 욕심 부려
카~ 한잔 속 방황했지만
신의 뜻에 복종 찬양하여
사랑과 평강을 찾아
살아 있음에 항상 감사
비판 비관 없이
평강과 축복하소서

달고나 장수 일기 · 18

초록의 별이 우주 한점으로
돌고 돌아 빛나는 것처럼
죽음으로 자연이 순환되고
줘야 다같이 존재하고
바빠야 골통이 편안해
잡념과 고뇌가 잠잔다
코로나발 부는 세상
손님 대기 의자에 있어
칙, 칙, 칙 했는데
가죽 세정제라
내 손도 가죽이라 하니
신 여사장님
하하하 웃네
그려! 억새처럼
흔들리며 길 가자꾸나!

달고나 장수·410

번쩍! 황금 똥의 재료
밥만 먹어야 사는 게 아니다
시간 잘 때우는
비타민! 잘 읽고 쓰고
신神이 악마와 공존하는 것처럼
하이얀 연기 날리고
악마의 술! 카~아
신의 말씀을 짓고
동그랑 쩐에 취하여
돌리고 돌리며
비틀비틀 가노라!
북망산 재를 향하여….

※시詩를 악마의 술(아우구스티누스)
※시詩를 신神의 말(투르게네프)

달고나 장수

발행 | 2025년 4월 10일
지은이 | 홍영철
펴낸이 | 김명덕
펴낸곳 | 한강출판사
홈페이지 | www.mhspace.co.kr
등록 | 1988년 1월 15일(제8-39호)
주소 | 서울특별시 종로구 삼일대로 457, 501호(경운동)
전화 02-735-4257, 734-4283 팩스 02-739-4285

값 13,000원

ISBN 978-89-5794-586-5 04810
　　　978-89-88440-00-1 (세트)

※저자와의 협약에 의해 인지는 생략합니다.
※이 책의 저작권은 저자와 본 출판사에 있습니다.